Sneaky Press is the imprint of Sneaky Universe.
www.sneakyuniverse.com
First published in 2023

Sneaky Press
Melbourne, Australia.

O Livro de Fatos Aleatórios sobre Linguagem

Sneaky Press

Conteúdo

Fatos aleatórios sobre linguagem

A língua com o maior número de falantes nativos é o mandarim.

A língua falada pelo maior número de falantes é o inglês.

A língua falada pelo maior número de falantes não nativos é o inglês.

A linguagem está em constante mudança.

Acredita-se que a língua mais difícil de aprender é o basco, idioma falado no noroeste da Espanha e no sudoeste da França. Possui um sistema de vocabulário e gramática excecionalmente complicado e não parece estar relacionado a nenhuma outra língua no mundo.

O país com o maior número de línguas faladas é Papua Nova Guiné, que possui 820 idiomas vivas.

As línguas existem desde cerca de 100.000 a.C.

Na época da impressão desso Livro em 2021, exisiam 7139 línguas faladas em todo o mundo.

A língua oficial de um país é o idioma em que um governo efetua seus negócios.

Há apenas um país africano onde toda a população fala a mesma língua: Somália. Todos falam somali.

A África do Sul tem 11 línguas oficiais.

Muitas línguas na África incluem um som tipo "Clique", que é pronunciado ao mesmo tempo que outros sons. Línguas com sons "Clique" devem ser aprendidas durante a infância para alcançar a fluência.

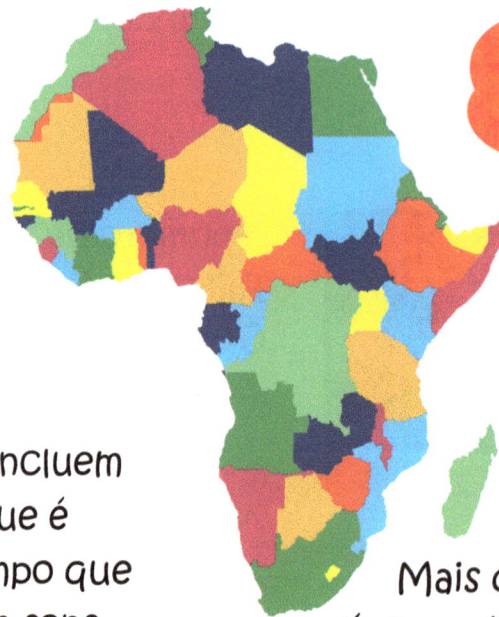

Mais de 1.000 línguas distintas são faladas no continente africano.

BIBLE

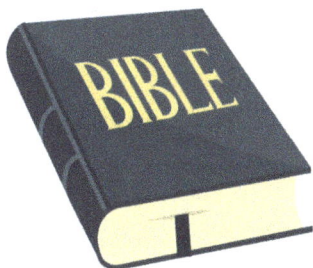

A Bíblia é o livro mais traduzido.

A primeira língua escrita de sempre é o sumério, por volta de 3200 a.C.

As línguas escritas mais antigas ainda existentes são chinês ou grego, por volta de 1500 a.C.

O documento mais traduzido é a Declaração Universal dos Direitos Humanos, escrita pelas Nações Unidas em 1948. Foi traduzida para 321 idiomas e dialetos.

Os sons consonantais mais comuns nas línguas do mundo são /p/, /t/, /k/, /m/ e /n/.

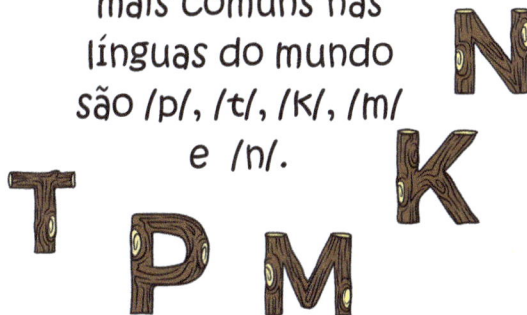

N

T P M K

9

Metade da população mundial fala uma das 10 maiores línguas do mundo como primeiro idioma.

Durante 600 anos, o francês foi a língua oficial de Inglaterra.

Todos os pilotos se identificam em inglês em voos internacionais.

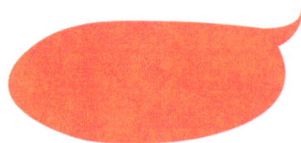

A língua mais publicada é o inglês.

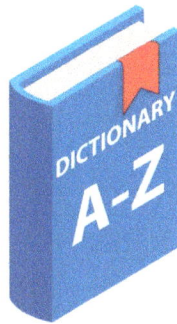

A língua com menos palavras é Taki Taki (também chamada de Sranan) com apenas 340 palavras. Taki Taki é um crioulo baseado em inglês. É falado por 120.000 pessoas no país sul-americano do Suriname.

A língua com mais palavras é o inglês, tendo aproximadamente 250.000 palavras distintas.

Fatos aleatórios sobre famílias de línguas

As línguas são classificadas em famílias, tendo por base semelhanças decorrentes de um ancestral linguístico comum do qual evoluíram.

A família linguística indo-europeia está dividida em famílias menores que incluem idiomas falados na Índia, Paquistão, Irã e quase toda a Europa.

Semelhanças entre a antiga língua indiana, sânscrito, latim e grego foram identificadas no início do século XVIII.

A família indo-iraniana inclui idiomas como urdu, hindi, bengali e punjabi, falados no norte da Índia e Paquistão. Persa e curdo também fazem parte do grupo linguístico indo-iraniano.

O grupo linguístico românico desenvolveu-se a partir do latim. Inclui idiomas como espanhol, português, francês, italiano e romeno, entre outros.

O grupo linguístico germânico inclui as línguas escandinavas (sueco, dinamarquês, norueguês, islandês e feroês), bem como inglês, alemão, holandês, flamengo (que é falado em uma parte da Bélgica) e africâner (próximo ao holandês e falado na África do Sul).

O grupo linguístico eslavo inclui russo, bielorrusso, ucraniano, polonês, tcheco, eslovaco, búlgaro, sérvio, croata.

O grupo linguístico grego inclui formas modernas e antigas de grego.

O grupo linguístico celta inclui bretão, gaélico irlandês, galês e gaélico escocês.

O grupo linguístico báltico inclui letão e lituano.

O grupo linguístico fino-úgrico inclui finlandês, estoniano, saami e húngaro.

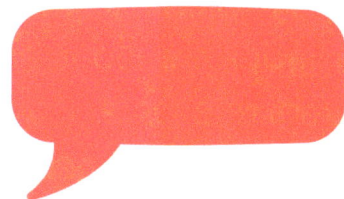

A língua basca, pelo que sabemos, não tem parentes linguísticos conhecidos.

O grupo linguístico turco inclui turco, azerbaijano, uzbeque e cazaque.

A família linguística afro-asiática é encontrada nas partes norte e leste da África. Esta família é geralmente dividida em cinco subgrupos, sendo o grupo de línguas semíticas o mais comum. Esta é a família do árabe, hebraico, amárico e tigrínia, bem como a extinta língua egípcia, conhecida por seus hieróglifos.

A família linguística Níger-Congo é geralmente dividida em dez subgrupos, cada um incluindo várias centenas de línguas.

A família linguística Khoisan é falada no sul da África. Essas línguas incluem os sons tipo "clique".

A família linguística nilo-saariana inclui todas as outras línguas faladas na África.

Inclui o grupo linguístico Nilo, que consiste em cerca de 150 línguas faladas por pessoas na África Oriental. O grupo linguístico saariano inclui 10 línguas faladas no Chade, Níger e Líbia.

A maior família do Níger-Congo é a família linguística Bantu. Essas línguas são faladas na África Subsaariana e incluem o suaíli.

A família linguística malaio-polinésia inclui línguas faladas na Ásia e Oceânia. Inclui línguas como javanês, indonésio, tagalo (encontrado nas Filipinas) e malaio, que pertencem ao ramo ocidental da família linguística malaio-polinésia.

O ramo oriental inclui as línguas das comunidades micronésias, polinésias e melanésias, incluindo as línguas faladas nas Fiji e a língua maori da Nova Zelândia.

A família linguística dravídica é falada no sul da Índia e inclui tâmil e telugu.

A família linguística australiana inclui as mais de 250 línguas indígenas faladas pelos povos das Primeiras Nações da Austrália. Estes incluem Walpiri, Arrernte, Kuwarra e Nyangumarda.

A língua sino-tibetana inclui as línguas da China, como mandarim Hakka, Wu e Yue (cantonês) e Birmânia, Tibete e Taiwan. No entanto, as relações entre as línguas desta família são obscuras e disputadas.

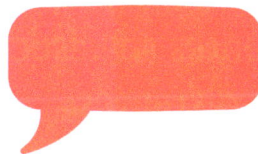

Como o basco, tanto o japonês quanto o coreano não têm parentes linguísticos conhecidos.

Acredita-se que o tailandês e vietnamita são parentes linguístico distantes.

A relação entre as aproximadamente 700 línguas faladas em Papua Nova Guiné (o grupo linguístico papua) é desconhecida. Foram agrupados em uma família devido à proximidade geográfica.

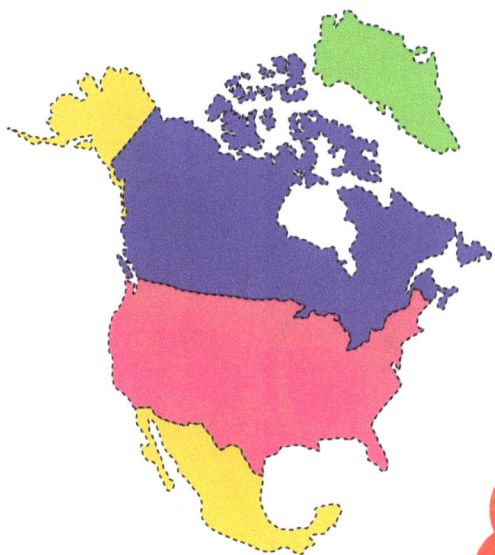

A família linguística indígena americana é composta por cerca de 20 famílias linguísticas, com alguns idiomas em cada um dos povos indígenas das Américas. Esta família inclui Quechua, que é falado na Bolívia e Peru e Guaraní sfalado no Paraguai.

Fatos aleatórios sobre pontuação

O sinal @ tem vários nomes (engraçados). Na Holanda, é chamado de "rabo de macaco", em Israel é chamado de "strudel", em russo é o "cachorrinho," o "caracol pequeno" em italiano o "A louco" em bósnio.

na verdade se chama **octótropo**, porque tem oito pontos.

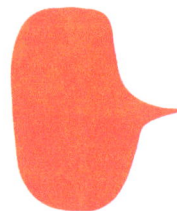

O ponto de exclamação não teve sua própria tecla até à década de 1970.

O "ponto final" existe desde o século III a.C. e costumava ser colocado no topo de uma linha e não na parte inferior.

Acredita-se que a vírgula e o ponto final foram inventados pelo mesmo homem - Aristófanes de Bizâncio - para mostrar aos atores como passagens individuais de texto deveriam ser lidas.

O ampersand costumava ser a letra 27 do alfabeto inglês (significava 'e').

A escrita antiga não tinha pontuação (ou espaços).

Outros Títulos na Série
Factos Aleatórios

O Livro de Fatos Aleatórios sobre Aviões

O Livro de Fatos Aleatórios sobre Carros

O Livro de Fatos Aleatórios sobre o Cérebro

O Livro de Fatos Aleatórios sobre o Espaço

O Livro de Fatos Aleatórios sobre o Sono

www.ingramcontent.com/pod-product-compliance
Lightning Source LLC
Chambersburg PA
CBHW080429030426
42335CB00020B/2660